Ce titre prend place dans l'encyclopédie Vivre ensemble,
une création Bayard Éditions.

Direction éditoriale
Jean-Claude Dubost, Charlotte Ruffault

Textes
Laura Jaffé, Laure Saint-Marc

Illustrations
Catherine Proteaux, Béatrice Veillon, Régis Faller

Conception graphique
Charlotte Moundlic

Suivi technique
Nathalie Diochet

Correction
Malina Stachurska, Florent Schmit

Fabrication
Henri Charbonneau

Remerciements à Vincent Le Gaudu

© Bayard Éditions, 1998
3, rue Bayard, 75008 PARIS
ISBN : 2.227.74000.0
Dépôt légal : mars 1998

Vivre ensemble
À l'école

Conseillé par le ministère de l'Éducation nationale
dans le cadre des **« Initiatives citoyennes »**.

BAYARD ÉDITIONS

CHAPITRE 1

Jérémie

Salsifis

Antoine

Abdel

Barbichette

L'enlèvement de la maîtresse

Voilà trois jours que la maîtresse est absente.
Pour Jérémie, ça fait trois jours de trop.
Parce que, franchement, pour l'amabilité,
le remplaçant, il n'est pas vraiment champion !

Ce n'est pas qu'il soit méchant, mais question sourires, il est plutôt avare. Et puis, il n'explique pas aussi bien que Salsifis.

« Salsifis », c'est le surnom que Jérémie et ses copains ont donné en secret à la maîtresse, à cause de la manie qu'elle a de répéter toujours trois fois « ça suffit, ça suffit, ça suffit ». Comme s'il s'agissait d'une formule magique inventée par la fée des écoles pour faire taire les enfants bavards.

Mais c'est un surnom gentil. Parce que Jérémie, sa maîtresse, il l'adore. Pas comme le nouveau maître. Celui-là, quand il veut interroger un élève, il pointe sur sa proie un long doigt menaçant. Jérémie en frissonne à chaque fois.

Ce qu'il veut, Jérémie, de toutes ses forces, c'est
que la maîtresse revienne. Pour toujours. Et vite !
Plus le temps passe, plus Jérémie se pose
de questions. Une maîtresse qui disparaît comme
ça pendant plusieurs jours, ça n'est pas normal.
Plus il y pense, plus il imagine des choses
terribles. Peut-être que son mari est mort,
se demande-t-il. Ou bien sa fille s'est fait écraser
par une voiture. Ou alors... Salsifis a été kidnappée
par des bandits. Oui ! C'est sûrement ça !

Jérémie retourne la terrible histoire dans
sa tête. Quand le directeur est venu chercher
la maîtresse l'autre jour dans la classe, c'est parce
qu'il avait reçu un coup de téléphone anonyme,
imagine-t-il. D'un soi-disant ami de la famille.
Mais c'était un piège diabolique, quelqu'un voulait
attirer Salsifis sur un parking désert.
Et hop ! ni vu ni connu, un bâillon sur la bouche,
comme dans les films à la télé, et voilà la pauvre
maîtresse enfermée dans une cave sordide.

Jérémie se tortille sur sa chaise. Comment se
concentrer sur la leçon de géographie alors que
la maîtresse est en danger de mort ?

Vivement la récré, qu'il puisse parler de tout ça
avec les copains !
Dans la cour, Jérémie retrouve enfin Antoine et
Abdel. Les trois garçons discutent avec des mines
de conspirateurs.

Tant pis pour la partie de billes qui se déroule
sans eux. L'heure est trop grave ! Jérémie a un
plan. Il faut trouver de l'argent. Pour la rançon.
La semaine dernière sa grand-mère lui a donné
un gros billet de cent francs. C'est beaucoup.
Mais ça ne suffira pas. Comment faire ?

– On va organiser une quête, propose Abdel.

– Génial ! s'enthousiasme Antoine.

– Chut ! murmure Jérémie. V'là Barbichette !
Le directeur s'approche du trio en caressant
sa barbe.

– Ah ! les enfants, votre maîtresse vient d'appeler.
Son fils est pratiquement guéri. Une petite
bronchite sans gravité... Demain, elle revient
à l'école, explique-t-il avec un large sourire.

Qui commande à l'école ?

La maîtresse compte beaucoup pour ses élèves.
Alors quand elle n'est pas là,
comment ça marche ?

Règle
La règle indique ce qu'il faut faire dans certaines situations, dans certains cas, comme la règle de grammaire, la règle du jeu.

À l'école, c'est comme dans la vie, il y a des règles pour bien vivre tous ensemble. Certaines règles sont très anciennes, comme la règle de politesse qui consiste à dire bonjour quand on rencontre quelqu'un.
Ces règles-là ne sont pas écrites.
Ce sont des coutumes.
Les règles de l'école sont écrites dans le règlement intérieur. Les parents le reçoivent à la rentrée et doivent le lire avec leurs enfants. Il est aussi affiché toute l'année dans le hall d'entrée.

Que dit le règlement de l'école ?

Le règlement de l'école précise les règles de la vie quotidienne à l'école. C'est une petite partie de la loi d'un pays qui précise les règles de la vie dans ce pays.

À l'école, le règlement dit : Tous les élèves sont obligés d'être présents en classe sauf s'ils ont des raisons valables, par exemple s'ils sont malades. C'est l'obligation d'assiduité.

En France, la loi dit : La scolarité est obligatoire pour tous les enfants de 6 à 16 ans.

À l'école, le règlement dit : Personne ne doit employer la violence, ni les élèves ni les adultes.

En France, la loi dit : Les châtiments corporels sont interdits. Cela veut dire, par exemple, qu'on ne peut pas punir un enfant en le battant.

Qui doit obéir à l'école ?

Tous les gens qui se trouvent dans l'école doivent suivre le règlement : les adultes comme les enfants.

Tous les gens qui se trouvent dans l'école doivent faire appliquer le règlement : les adultes comme les enfants.

La maîtresse commande dans la classe, mais elle doit toujours le faire en tenant compte du règlement.

Les adultes dans l'école

le directeur

les enseignants

les agents de service

les professeurs (musique, dessin, sport, théâtre...)

la gardienne

l'infirmière

l'inspecteur

le psychologue scolaire

le médecin scolaire

Le règlement d'un pays, c'est la loi

Devoirs
Les devoirs
d'une personne,
c'est ce qu'elle
doit faire, ce qu'elle
est obligée de faire.

Le règlement commande la vie à l'école. La loi commande toute la vie dans le pays, tout le monde doit la respecter.

La loi d'un pays, c'est l'ensemble des **devoirs** et des **droits** de chaque personne qui y séjourne.

Droits
Les droits
d'une personne,
c'est ce qui lui est
autorisé, permis
et qu'elle peut exiger.

Des gens sont payés pour veiller à ce que la loi soit respectée.

À l'école, le directeur fait appliquer le règlement ; dans la classe, c'est aussi la maîtresse.

Dans la rue, les policiers, par exemple, veillent à ce que tout le monde respecte le Code de la route.

En France, la loi permet de faire ce que l'on veut à condition que ça ne dérange pas les autres.

La loi limite la liberté de chacun
pour que tout le monde puisse vivre ensemble.

La loi doit être respectée par tous

Dans chaque pays, toutes les lois qui concernent un domaine précis (la famille, l'éducation, les affaires, les crimes...) sont regroupées dans des livres. En France, on les appelle des codes. Il y a le Code civil, le Code pénal ; il y a aussi le Code de la route.

La loi est écrite pour que tout le monde la respecte de la même manière. Si on n'est plus d'accord avec une loi, on peut manifester son opinion. Et c'est toujours le parlement qui décide. Elle ne peut pas être remise en cause, sauf par une nouvelle loi.

Qui écrit la loi ?
En France, c'est le Parlement ; c'est-à-dire les députés et les sénateurs qui élaborent, discutent et votent les lois.

Le Code pénal est le livre de toutes les peines encourues. Comme, par exemple, aller en prison quand on a fait quelque chose de grave.

Le Code de la route est le livre de toutes les règles de la circulation. Comme, par exemple, ne pas entrer dans une rue en sens interdit.

À toi d'agir !

Mets-toi à la place des enfants ci-dessous
et choisis à la page suivante ce que tu ferais
si tu étais dans la même situation.

La maîtresse a dit :
« Soyez sages et finissez vos opérations en silence. »

Laquelle de ces possibilités te convient le mieux ?

❌ **1** Finir tes opérations tranquillement.

2 Demander la solution de l'exercice à un copain ou au meilleur de la classe.

3 Faire le clown en sautant sur les tables.

4 Aller fouiller dans le sac à main de la maîtresse.

5 Essayer de faire la loi à la place de la maîtresse.

6 Passer derrière le bureau de la maîtresse pour te moquer d'elle en l'imitant.

Tu as fait ton choix. Tourne la page et découvre ce qui peut se passer.

Voici les conséquences de ton choix

1 Tu as fait ce qu'a demandé la maîtresse. Est-ce parce que tu adores les maths ? Ou bien parce que tu es très obéissant ?
Quoi qu'il en soit, si tu finis tes opérations avant le retour de la maîtresse, tu auras peut-être le temps de t'amuser un peu...

2 Ouf ! En deux minutes, tu as réussi à recopier tous les résultats. Pour quoi faire ?
Est-ce si grave pour toi d'avoir une mauvaise note ?
Pourtant tes notes permettent à la maîtresse d'évaluer ce que tu n'as pas compris et de te le réexpliquer.

3 Tu es la vedette.
Tu fais rire toute la classe.
Mais si la maîtresse te surprend, il y a de fortes chances pour que tu sois le seul à être puni.

4 Tu t'en poses des questions sur la maîtresse !
Tu aimerais tellement découvrir qui elle est quand elle n'est pas maîtresse...Mais es-tu sûr qu'elle a envie de te dévoiler sa vie privée ? D'ailleurs, toi, es-tu content quand on farfouille dans tes affaires ?

5 Toi, le chahut, tu n'aimes pas ça, et tu voudrais bien qu'on respecte un peu ton envie de calme.
Mais ton rôle est-il de remplacer la maîtresse ?
D'ailleurs, tu as beau crier qu'il faut se taire, les autres n'ont pas l'air du tout décidés à t'obéir...

6 Ça fait du bien de se moquer de ceux qui commandent quand ils ont le dos tourné ! Et même, parfois, tu peux te moquer de la maîtresse gentiment en sa présence.
Dans ce cas, tu es impertinent et peut-être très drôle.
Mais si tu te moques méchamment, tu deviens irrespectueux...

Chapitre 2

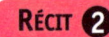

La photo de classe

Zoé a très peur. Hier soir, elle n'a pas réussi
à faire ses exercices de maths. Que va-t-il se passer ?

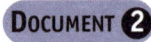

Que se passe-t-il quand on triche ?

Parfois on est tenté de tricher parce qu'on a peur
de ne pas bien faire.

À toi d'agir

Tu as triché, tu es puni. Qu'est-ce que tu décides ?

Zoé

Salsifis

Maxime

Noémie

Barbichette

La photo de classe

Ce matin, en allant à l'école, Zoé trouve que son cartable pèse lourd sur ses épaules. Elle n'a pas envie de chanter. Encore moins de tirer la langue aux conducteurs des voitures arrêtées au feu rouge.

Une boule de peur indigeste lui barre l'estomac.
Pas à cause des deux tablettes de chocolat qu'elle
a englouties hier soir en regardant la télé.
Non ! Tout ça, c'est la faute aux divisions.
Un vrai cauchemar de chiffres et de virgules
auxquels elle ne comprend rien !
C'est sûr, si la maîtresse l'interroge, elle va encore
avoir un zéro. Un de plus dans sa collection. Son
père va la priver de dessins animés pendant au
moins une semaine. Comme le trimestre dernier.

Zoé entre en classe et va directement s'asseoir à sa
table près du radiateur, sans jeter le moindre petit
regard d'amitié à Noémie.

– Zoé, au tableau ! ordonne la maîtresse. Montre à
tes camarades comment l'on divise soixante-deux
par quatre.

– Dis, tu pourras me souffler ? demande-t-elle à
Maxime d'une petite voix tremblante. J'ai des
carambars. Je t'en donnerai plein.

– J'aime pas les bonbons ! Et j'aime pas les
tricheuses non plus, répond Maxime en lui
tournant le dos avec un air supérieur.

Zoé sent deux grosses larmes couler sur ses joues.

Il n'y a plus rien à faire. C'est la catastrophe assurée.

Quand soudain...

« Toc, toc, toc. » La porte s'ouvre.

C'est le directeur. Il chuchote quelque chose à la maîtresse. Salsifis fronce les sourcils. Elle n'est pas contente du tout. Zoé tend l'oreille.

« ... Beaucoup de travail... photo... prévue pour demain... »

Le directeur murmure encore, avec la voix autoritaire de celui qui entend être obéi.

– Rangez vos affaires, soupire la maîtresse. Nous descendons faire la photo de classe.

Chouette ! Zoé est sauvée... Pour fêter ce miracle, avant d'aller se mettre en rang, elle gribouille un grand soleil sur le tableau. On dirait un gros zéro moqueur qui rigole de tous ses rayons.

Sous le préau, le photographe a tendu un immense drap bleu en toile de fond, ça fait un beau ciel d'été en plein mois de novembre.
Zoé court prendre la main de Noémie.
Pour la photo de classe, elle doit être à côté de sa meilleure amie !

27

– Ne bougez plus, demande le photographe.
Un grand flash éblouit la classe immobile.
Zoé fait son plus beau sourire d'enfant sage.
Ses deux mains derrière la tête de Maxime
font au garçon deux grandes oreilles de lapin.

Que se passe-t-il quand on triche ?

À l'école, quand on ne sait pas faire quelque chose, on a très peur. Tellement peur qu'on en vient même parfois à essayer de tricher.

Tricher
C'est ne pas respecter la règle du jeu.

Pourtant tricher à l'école, c'est comme tricher à un jeu de société. C'est ne pas respecter la règle. Peut-être ne connais-tu pas bien le règlement intérieur de l'école ?

Dans la vie, c'est pareil : si on ne connaît pas les règles de la société, ou si on ne les respecte pas, on ne peut pas bien vivre avec les autres.

Quand on ne respecte pas le règlement...

Si tu ne fais pas ton travail, si tu triches, tu désobéis au règlement de l'école. Dans le règlement intérieur de l'école, il y a tout ce que les élèves et les adultes doivent faire pour pouvoir bien vivre ensemble.

Dans le règlement, tu peux lire par exemple que, tu es obligé de faire les exercices demandés par la maîtresse, même si ça t'embête. Tu dois aussi te soumettre au contrôle des connaissances.

Tu peux avoir des raisons pour ne pas faire ton travail.

Tu n'as pas de vraie raison pour ne pas faire ton travail.

Parce que tu ne comprends rien, ou bien parce que tu n'as pas le temps (tu dois aider à la maison).

Parce que tu préfères jouer, regarder la télévision ou lire des livres.

On peut être puni

Quelles que soient tes raisons de ne pas faire ton travail, tu cours le risque d'avoir une punition.

Si tu décides de tricher parce que tu as peur d'être puni ou que tu as honte de ne pas savoir répondre, tu prends le risque d'avoir une punition encore plus sévère.

Autrefois, les punitions étaient beaucoup plus sévères qu'aujourd'hui : pour les petites fautes, on était puni par l'agenouillement simple. Pour les grandes fautes, on était puni par l'agenouillement avec main levée portant une brique. Aujourd'hui, les maîtres, les maîtresses et le directeur n'ont plus le droit de punir physiquement des élèves.

Parfois on triche...
en copiant sur son voisin pour faire croire au maître qu'on sait sa leçon.

Parfois on triche...
en regardant son livre, en cachette de la maîtresse, pendant le contrôle.

Quand on ne respecte pas la loi...

Sanction
C'est une mesure prise par une autorité dans le but d'empêcher de nuire. C'est aussi une peine établie par la loi pour réprimer une infraction.

Dans la vie, quand on ne respecte pas la loi, on prend le risque d'avoir une sanction. C'est la loi qui détermine la sévérité de la sanction.

Quand une personne commet un crime, elle peut être emprisonnée.

Aller en prison, c'est être exclu temporairement de la société.

Exclusion
Quand quelqu'un est exclu, il est chassé d'un endroit où il avait sa place.

Dans la vie, chaque fois qu'on décide de ne pas respecter la loi, on se met hors la loi.

Cela veut dire que l'on se met soi-même à l'écart des autres, de la société. On prend le risque d'être rejeté, comme dans un jeu quand on exclut les mauvais joueurs.

On peut être jugé

Chaque pays a sa justice. En France, ce sont les magistrats, c'est-à-dire les juges et les procureurs, qui règlent les conflits entre les citoyens.

Au tribunal de police
on juge les contraventions (excès de vitesse, chasse interdite...).

Au tribunal correctionnel
on juge les délits (coups, vols, trafic de drogue...).

En cour d'assises
on juge les crimes (meurtres, attentats, attaques à main armée...).

Au conseil des prud'hommes
on juge les conflits entre les employés et leurs employeurs.

Au tribunal administratif
on juge les conflits entre les citoyens et les services publiques.

Au tribunal de grande instance
on juge les conflits entre les personnes (divorces, successions...).

Pour aider le citoyen à connaître ses devoirs et à défendre ses droits, il y a toutes sortes de gens : des avocats, des notaires, etc.

À toi d'agir !

Mets-toi à la place des enfants ci-dessous
et choisis à la page suivante ce que tu ferais
si tu étais dans la même situation.

**J'ai copié sur mon voisin. La maîtresse m'a vu...
Résultat : cent lignes à écrire et à faire signer.**

Tu t'es fait prendre ! Que vas-tu faire ?

 X **1** Tu fais ta punition et tu la fais signer. Tu te dis que ce n'est qu'un mauvais moment à passer.

 **2** Tu ne fais pas tes lignes. C'est vrai, quoi ! Tu n'as même pas eu le temps de tricher, puisque la maîtresse t'a vu tout de suite...

 **3** Tu fais tes lignes en douce et tu ne les fais pas signer. Tu pourras toujours dire à la maîtresse que tes parents sont rentrés tard hier soir !

 **4** Tu fais ta punition et tu la fais signer.
Mais tu fais croire à tes parents que la maîtresse t'a puni à tort.

 **5** Tu fais tes lignes et tu imites la signature de tes parents.

 **6** Tu demandes à ton meilleur ami de faire la punition à ta place. Il ne peut pas te refuser ça !

Tu as fait ton choix. Tourne la page et découvre ce qui peut se passer.

Voici les conséquences de ton choix

1 Tu as tenté ta chance en essayant de tricher, tu savais que tu pouvais être puni. Tu as perdu, tu n'as pas respecté la règle. Tu es bon joueur : tu fais ta punition.

2 Tu trouves que la punition est injuste. C'est vrai, elle est peut-être exagérée ! Mais l'injustice, ce n'est pas ça. C'est être puni alors qu'on n'a rien fait. Est-ce que c'est vrai pour toi ?

3 Tu te dis que cette punition, c'est une affaire entre la maîtresse et toi. Ça ne regarde pas tes parents. Cette fois-ci, tu as trouvé une excuse pour ne pas les faire signer. Ne crois-tu pas avoir manqué ainsi l'occasion de parler de ton problème à tes parents ?

4 Tu peux raconter
ce que tu veux à tes parents,
mais s'ils rencontrent la maîtresse,
elle saura leur donner sa version
des faits. Et la prochaine fois
que tu te plaindras,
ils hésiteront à te croire.
Ne risques-tu pas de perdre ainsi
la confiance de tes parents ?

5 La maîtresse t'a donné
des lignes. Tes parents vont encore
te priver de télé pendant
le week-end. Mais s'ils découvrent
que tu as imité leur signature,
quelle sera leur punition ?
Jusqu'où iras-tu pour masquer
une petite bêtise ?

6 Tu as déjà beaucoup
de leçons à apprendre.
Si en plus tu dois faire une
punition ! Mais as-tu pensé
que ton copain a mieux à faire
que recopier des lignes.
Puisque tu as triché tout seul,
ne dois-tu pas en subir les
conséquences tout seul ?

CHAPITRE 3

Malika

Édouard

Madame Annette

Vive
les petits pois !

Génial !

Aujourd'hui, à la cantine, c'est petits pois et
steak haché. Le menu préféré de Malika.
Penchée au-dessus de son plateau, elle lorgne
en douce vers la table voisine.

Édouard lui renvoie un discret clin d'œil
complice. Les deux compères guettent en silence.
Ça y est ! Les surveillants sortent dans la cour.
Dans le grand réfectoire presque vide, la partie
peut commencer.
Malika tire la première.
D'un coup de pouce habile, elle propulse
un petit pois luisant de beurre sur le carrelage.
Édouard plisse les yeux. Il se concentre pour
viser juste. Hop ! il envoie une minuscule bille
verte cogner celle de Malika.
« Touché ! », murmure-t-il, les deux poings
levés en signe de victoire.
Il vient de remporter son premier point.
C'est le jeu.

Malika riposte. La partie s'annonce serrée.
Vingt points à quinze. Malika a gagné.
Très fière, elle contemple l'armée des petites
boules grasses éparpillées sur le sol.
À ce jeu, elle est imbattable !

– Tu as triché ! conteste Édouard, mauvais
perdant.
La mine boudeuse, il réclame sa revanche.
Cette fois, c'est à lui de commencer.

Son petit pois roule, roule, roule... Rien ne semble
pouvoir l'arrêter.
Quand tout à coup... Ce n'est pas du jeu !
Deux grands pieds chaussés de blanc viennent
stopper net la course magnifique.
– Alors, les enfants, on s'amuse bien ? tonne
Madame Annette, la dame de service.

Je vais vous apprendre, moi, à respecter
le travail des femmes de ménage !
Allez ! Prenez deux balais.
Dans cinq minutes, je veux que le carrelage
brille comme s'il était neuf !

La tête basse, Édouard et Malika se mettent
à l'ouvrage.

Le balayage, quelle corvée !

D'un geste brusque, Édouard expédie
les petits légumes ronds dans la grande pelle
métallique.

– On dirait un champion de croquet, remarque
Malika, amusée.

Armée de son balai, elle tire à son tour. But !

En voilà une sacrée bonne idée de jeu !
Décidément, les petits pois, c'est moins bon
que les frites, mais c'est beaucoup plus rigolo !

Pourquoi doit-on respecter les personnes et les biens ?

Tu respectes la maîtresse parce que tu l'admires,
et tes amis parce que tu t'entends bien avec eux.
Ça, c'est facile.

Tolérer

Tolérer quelqu'un, c'est respecter ses idées ou sa façon d'agir même si elles sont différentes des nôtres.

Mais quand tu n'aimes pas un camarade, tu as l'impression qu'il n'a que des défauts.

Pourtant, tu dois accepter sa présence, tu dois tolérer son avis parce qu'il est un être humain comme toi.

C'est ce qui fait sa valeur.

La loi exige le respect des personnes.

C'est un devoir.

Respecter une personne, c'est la considérer selon sa valeur d'être humain.

Pourquoi doit-on respecter le travail des autres ?

À l'école, tous les élèves ont droit au respect.

Ils ont droit, par exemple, au respect de leur travail.

Quoi que tu penses du travail de tes camarades, tu dois le considérer comme aussi important que le tien.

À l'école, les femmes de service ont aussi droit au respect. Leur travail n'est pas d'être au service des enfants, il est d'entretenir la propreté.

Quand tu écris sur le cahier de ton voisin, tu ne respectes pas son travail.

Quand tu colles un chewing-gum sous ton bureau, tu ne respectes pas le travail de la femme de service.

Quand au supermarché on remet n'importe où ce qu'on a pris et qu'on ne veut plus acheter, on ne respecte pas le travail des employés.

Pourquoi doit-on respecter le matériel de l'école ?

Si un objet t'appartient, tu es libre d'en faire ce que tu veux. Si tu décides de le casser, tu seras le seul à en être privé. Par contre, si tu abîmes les meubles ou les fournitures de l'école, tu empêches ceux qui en auront besoin après toi de les utiliser normalement et tu fais dépenser plus d'argent que nécessaire à la collectivité.

Les biens communs
Tout le matériel des villes, de la rue, des lieux publics (écoles, gymnases...), des jardins publics est entretenu par la mairie grâce à l'argent des habitants (les impôts).

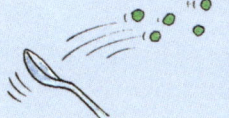

Quand tu joues avec la nourriture de la cantine...

... quand tu gâches du papier, c'est de l'argent dépensé inutilement.

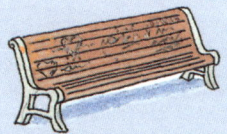

Si tu abîmes les arbres, les bancs et les poubelles, ça coûte cher à la collectivité de les remplacer.

La loi exige le respect des biens communs, c'est un devoir.

Pourquoi doit-on respecter la parole des autres ?

Respecter les autres, c'est aussi respecter leur pensée. Dans la vie, ta parole, ton opinion sont très importantes. L'opinion des autres, même si tu n'es pas d'accord avec eux, est aussi importante que la tienne. Tu dois la respecter. C'est la liberté d'expression.

La loi
Chaque individu a le droit de penser ou de croire ce qu'il veut. Il peut exprimer sa pensée par les moyens de son choix (réunions, manifestations, culte, enseignement, publications...) à condition de ne pas troubler l'ordre public.

Dans la classe, pour que tout le monde puisse s'exprimer, les élèves lèvent le doigt et demandent la parole.

En France, la loi limite la liberté d'expression. Il est interdit de dire du mal de quelqu'un (la diffamation) ou de tenir des propos racistes ou haineux envers des personnes d'une autre culture ou d'une autre religion.

Qu'est-ce que le civisme ?

Le respect des lois, le respect des autres, le respect des biens publics sont indispensables pour que chacun se sente libre au milieu des autres.

Le civisme, c'est tout cela d'abord, mais c'est aussi :

La participation à la vie d'un pays
Le vote n'est pas une obligation, c'est un devoir civique, un acte volontaire pour le bien du pays.

L'assistance aux personnes en danger
Appeler les pompiers, ce n'est pas une obligation, c'est un devoir civique, un acte volontaire pour le bien des autres.

Le souci de l'écologie
Respecter, par exemple, les consignes en cas de pollution, ce n'est pas une obligation, c'est un devoir civique.

Le témoignage
Dire ce qu'on a vu quand on est témoin d'un accident, ce n'est pas une obligation, c'est un devoir civique.

Être citoyen, c'est être responsable de soi-même dans sa vie privée et dans la société.

À toi d'agir !

Mets-toi à la place des enfants ci-dessous
et choisis à la page suivante ce que tu ferais
si tu étais dans la même situation.

La maîtresse a dit :
« Vous pouvez sortir les peintures, c'est le moment. »

Laquelle de ces possibilités te convient le mieux ?

 **1** Tu t'appliques à faire le portrait de la maîtresse. Puis tu nettoies ton pinceau et ranges ta peinture.

 **2** Tu as très bien réussi ton beau paysage. Mais c'est l'heure de la récré. Alors tu laisses tout sur ta table et tu files dans la cour.

 **3** Ton voisin est en train de te dessiner avec de grandes oreilles et un nez de clown... Pour te venger, tu lui barbouilles sa feuille.

 **4** Tu n'aimes pas la peinture ! Pour passer le temps, tu organises un concours de boulettes de papier au milieu de la classe.

 **5** La peinture, c'est génial ! Et la boîte de l'école est très belle. Alors, ni vu ni connu, tu la glisses au fond de ton cartable...

 **6** Quand tu peins, tu es tout entier dans ton dessin. Tu mets de la peinture partout. Tant pis ! les femmes de service nettoieront...

Tu as fait ton choix. Tourne la page et découvre ce qui peut se passer.

Voici les conséquences de ton choix

1 Tu te dis que la maîtresse sera très contente que tu l'aies prise comme modèle.
Mais, finalement,
est-ce si important pour elle ?
Et toi, t'es-tu vraiment
fait plaisir ?

2 C'est vrai ! Le nettoyage, ce n'est pas drôle...
Mais quand tu vas revenir,
les pinceaux seront tout secs.
La prochaine fois, ils perdront
leurs poils. Plus personne
ne pourra les utiliser.

3 Tu n'aimes pas
qu'on se moque de toi !
Mais au lieu de barbouiller
la feuille de ton voisin,
pourquoi ne pas en rire
et faire toi aussi un portrait de lui...
à ta façon ?

4 En concours de boulettes,
tu es imbattable !
Mais que dirais-tu si quelqu'un
organisait une partie
de saute-mouton sur le terrain
pendant que tu joues au foot ?

5 Cette boîte de peinture,
depuis le temps que tu en rêves !
Si tu la prends, d'abord, c'est du vol,
et à la prochaine séance de peinture,
il y aura une boîte en moins.
Qui en sera privé ?

6 Tu as raison !
Ce soir, les femmes de ménage
vont nettoyer, et demain
tu retrouveras ta table toute propre.
Mais crois-tu qu'elles n'ont
que ça à faire ?

ENCYCLOPÉDIE
Vivre ensemble

Déjà paru
Vivre ensemble
En famille

Vivre ensemble
L'argent

N° d'éditeur : 4222 - N° d'impression : 75833
Impression et reliure : Pollina s.a., 85400 Luçon
4ᵉ édition